SPUREN
EINES JUNGEN LEBENS

Für Dich mein Liebstes

Petra Kuntner

geb. 16. 5. 1970
gest. 26. 5. 1986

herausgegeben von

Alfred Frenes

23.9.99

„Seid nicht traurig!

Wenn ich zu Gott heimgehe,
dann bin ich Euch näher denn je.

Lebt ein erfülltes Leben,
aufgebaut auf Christus!

Betet viel für einander,
segnet einander!

Seid gut zueinander.

Ich lege meine Schmerzen,
meine Gebete, mein Ringen
in Gottes Hand
und spüre:
Der ganze Himmel freut sich
mit mir!"

(Aussagen von Petra)

Petra Kuntner war in Sulden zu Hause. Mit den Eltern und ihrer Schwester Miriam verbrachte sie eine glückliche Kindheit.

Petra war sehr intelligent, aufgeschlossen für alles Schöne und Gute und sehr naturverbunden. Sie hatte einen besonders ausgeprägten Willen. Sie wußte, was sie wollte, und wie sie es erreichte.

Bereits mit zwölf Jahren befiel sie ein Krebsleiden, das vom Nasen-Rachen-Raum ausgehend nach und nach den ganzen Körper erfaßte.

Das Außerordentliche an Petra waren ihre Tapferkeit im Leiden, ihre stets offene und liebenswürdige Art und vor allem ihr ausgeprägter Glaube, der viele beeindruckte.

Petra hat mich – und viele andere – mit Nachdruck daran erinnert, daß glauben im Grunde recht einfach ist: nämlich „ja sagen“ zu dem, was Gott, was Jesus mit mir vorhat ...

Petra Kuntner starb am 26. Mai 1986, zehn Tage nach Vollendung ihres 16. Lebensjahres. Die Heimatgemeinde Sulden, die Mitschülerinnen von Meran und viele andere bereiteten für Petra ein ergreifendes Begräbnis.

Die Aussagen dieses Büchleins wollen vor allem den ausgeprägten Glauben von Petra Kuntner deutlich machen. Dies geschieht durch die Worte, welche Petra selbst noch am 9. April 1986 zu den Schülerinnen der Krankenpflegeschule in der Marienklinik von Bozen gesagt hat (gestraffte Niederschrift eines Tonbandes, in Kursivschrift von Seite 7 bis 41). Die Anwesenden waren durch dieses Auftreten und durch die Aussagen von Petra sehr beeindruckt. – Viele äußerten den Wunsch, etwas mehr über Petra Kuntner zu erfahren. Obwohl dieses Büchlein keine Lebensbeschreibung sein soll, wurden einige Ergänzungen angefügt. Sie stammen von Angehörigen, Lehrern, Krankenschwestern, Erzieherinnen oder vom Unterfertigten; es sind „Erinnerungen an Petra Kuntner" (s. S. 46). – Allen, die zu diesem Heftchen beigetragen haben, ein herzliches Vergelt's Gott! Möge es ein Büchlein sein, das glauben lernen hilft, glauben hilft, das also katechetisch ist!

Für das Katech. Amt der Diözese Bozen-Brixen
der Herausgeber

7. Auflage

Zu beziehen bei:

Maristen Druck u. Verlag GmbH · D-84095 Furth bei Landshut
Landshuter Straße 2 · Telefon 0 87 04 / 3 30 · Fax 0 87 04 / 84 21

ISBN-Nr. 3-931351-00-9

Ich höre seine Stimme
Sie sagt:
Sei ohne Angst
Nichts kann dich fällen
Du stehst in deines Herren
Hand und wirst drin
stehen bleiben.

Sei ohne Angst. Laß dich
fallen. Es ist einer da
der dich auffängt.
!Stehen, sich fallen lassen -
dies beides zusammen
ist das Geheimnis der
Gelassenheit. Das Geheimnis
des Friedens!

Aus dem Album von Petra

Zeichnung und Handschrift von Petra

WER ICH BIN ...

„Ich bin die Petra, wie ihr gehört habt; ich bin fünfzehn Jahre alt und komme von Sulden. Habe mich auf dieses Gespräch mit euch nicht vorbereitet. Ich habe schon öfters über dieses und jenes, was mich betrifft, gesprochen, aber nie so viel und so lang und so über alles, wie das heute geplant ist.

Ich darf euch also etwas erzählen von meinem Leben, besonders aus den letzten drei Jahren. Diese letzten drei Jahre waren die wichtigsten Jahre in meinem Leben; in diesen letzten drei Jahren, d. h. seit Oktober/November 1982, habe ich nämlich ziemlich viel mitgemacht.

Wenn ich auf mein Leben zurückblicke, dann zählen besonders diese drei Jahre!

Ich bin in dieser Zeit an einem bösartigen Tumor erkrankt und behandelt worden.

Ich war lange Zeit in Innsbruck: drei Monate, zwei Monate, so nacheinander ...

Der Tumor hat sich vom Gesicht, vom Nasen- und Rachenraum, ausgebreitet auf die Arme, die Füße und den ganzen Körper. Ich habe die meiste Zeit furchtbare Schmerzen gehabt.

und ich wollte leben....

WAS MIR EIGENTLICH FEHLT ...

Es hat sehr lange gedauert, bis man herausgefunden hat, was mir eigentlich fehlt.

Man hat anfangs nichts an Auswirkungen der Krankheit gesehen. Es hat Monate gedauert, und niemand hat etwas herausgefunden. Und ich habe immer starke Schmerzen gehabt.

Diese Zeit war sehr schwer für mich.

Ich habe die Schule oft verlassen müssen ...

Diese Zeit war viel schlimmer als die nachherige Zeit, in der ich gewußt habe, was mir fehlt, denn ich habe wahnsinnige Schmerzen gehabt, und jeder Arzt hat gesagt, er finde nichts.

Die endgültige Diagnose wurde erst im März 1983 anläßlich der Entfernung der Polypen festgestellt. Man hat also rein zufällig bei dieser Operation entdeckt, daß ich einen Tumor habe.

Der Tumor, an dem ich erkrankt bin, heißt Schminke-Tumor; er ist eher selten.

◀ Von Petra nach Vorlage in ihr Album gezeichnet

Ich halte mir stets
vor Augen,
daß schon das blose
Auf-der-Welt-Sein
etwas Großartiges ist

Katharine Hept

Handgeschrieben von Petra

SELBST DRAUFGEKOMMEN

Ich bin ziemlich bald selbst draufgekommen, was mir eigentlich fehlt. Ich sage euch gleich wie.

Man hat mir in Innsbruck einmal meine Krankengeschichte in die Hand gegeben und gesagt, ich solle da und da hingehen zu einer Untersuchung. In der Innsbrucker Universitätsklinik sind die einzelnen Abteilungen unterirdisch durch Gänge miteinander verbunden; ich habe mich da ausgekannt. Und während ich diese Wege gehe, habe ich bemerkt, daß die Papiere, die ich mit mir trage, von mir reden, daß in diesen Papieren etwas von mir enthalten ist.

Da habe ich mich irgendwo niedergelassen und habe alles durchgelesen. Habe mir dann einen medizinischen Duden zugelegt und so mehr und mehr verstanden.

Ich war am Anfang, wie ich diese Entdeckungen gemacht habe, nicht schockiert; ich habe ja schon gewußt, daß etwas da ist, weil die Ärzte sich mir gegenüber eher etwas scheu verhalten haben. Aber dann habe ich eben nachgeschlagen und gefragt; manchmal trifft man die Ärzte, die einem bereitwillig Auskunft geben.

Friede
Freude
Segen

Alles nimmt
ein gutes Ende
für den,
der warten kann.
(L. Tolstoi)

Segenskarte und Handschrift von Petra

Der HERR
ist mein Licht
und mein Heil.

Aus dem Album von Petra

ALLES EINBILDUNG!

Und da bin ich eines Tages zu dem Arzt gekommen, der mir gesagt hat: Es ist alles nur EINBILDUNG. Und das war ganz schlimm für mich; das hat beinahe noch mehr weh getan als das andere.

Das ist wie ein Stich ins Herz, wenn man solche Schmerzen hat und jemand sagt dann: Das ist nur Einbildung ... Das ist wirklich schlimm!

Deswegen möchte ich euch sagen: Wenn ihr dann Krankenschwestern seid, urteilt nie so über einen Patienten; sagt nie: Der hat sowieso nichts, der phantasiert nur ... denn das ist so schlimm; das tut in der Seele weh und ist schlimmer als der körperliche Schmerz.

Ich habe lange gebraucht, bis ich imstande war, diesem Arzt zu vergeben, denn ich war krank und verzweifelt und schwer leidend, und der sagt mir: Alles Einbildung.

Ich kann euch gar nicht beschreiben wie das ist.

Aber dann habe ich mir gedacht:
Jeder hat seine Grenzen und seine Schwächen ... Und so habe ich es zustande gebracht, ihm zu vergeben. – Gott sei Dank, es gibt viele, die ganz anders umgehen mit dem Patienten.

Wer zur

Quelle will

muß gegen

den Strom

schwimmen

Von Petra in ihr Album gezeichnet

Momentan bin ich in der Marienklinik in Bozen. Die Medikamente sprechen recht gut an.

Ich habe Metastasen in den Beinen, in den Beckenknochen, in ... Ich habe im vergangenen Herbst (am 15. Oktober) die Chemotherapie in Innsbruck angefangen: Das war sehr schlimm für mich; mir ist so schlecht gewesen ... vor allem, weil ich die Zytostatika kaum vertragen habe. Ich habe mich einfach wahnsinnig elend gefühlt! Dann fallen dir die Haare aus!

Aber jetzt kommen sie wieder (hier kichert Petra recht belustigt). – Eine Zwischenruferin tröstet sie und sagt: „Du bist wieder ganz schön." – Petra antwortet: Nicht die Schönste! – Aber mir hat das nie viel ausgemacht! Aber in Innsbruck war ein anderes Mädchen, das wahnsinnig darunter gelitten hat. Bei mir war das nicht so.

Am 15. Oktober haben sie also angefangen; da habe ich drei Stöße bekommen. Ich habe fünfzehn Kilogramm abgenommen und nur mehr 29 Kilogramm gewogen; ich habe nichts mehr essen können bzw. alles gebrochen; und die Schmerzen sind immer schlimmer geworden. Da hat man mit Morphium angefangen.

So konnte es nicht weitergehen!

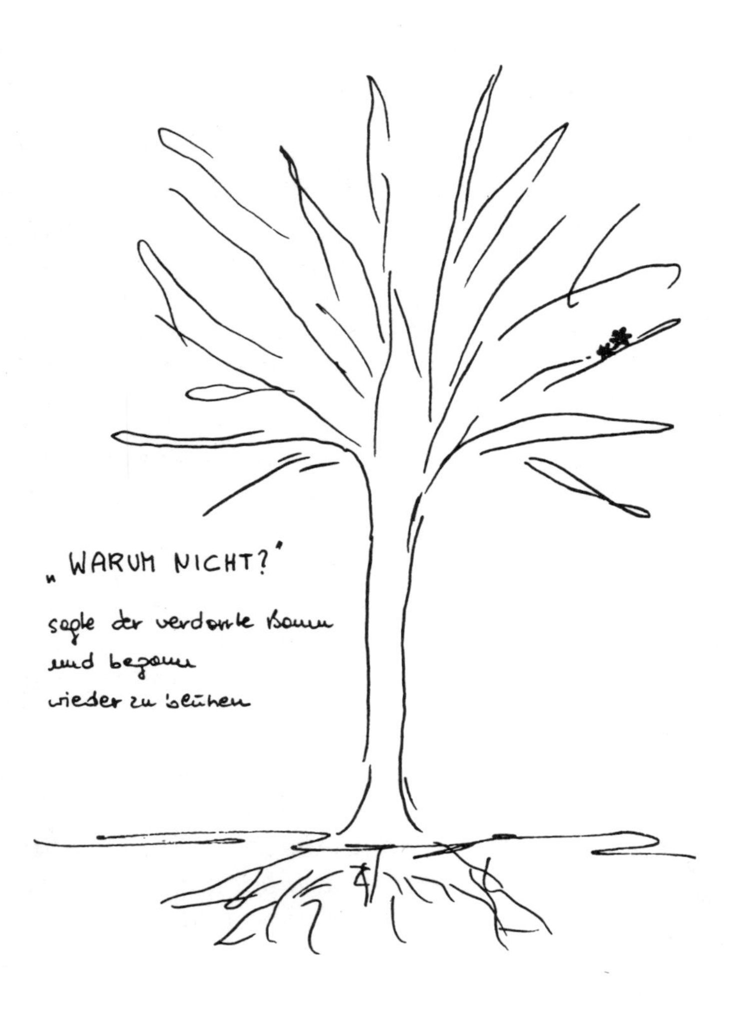
„WARUM NICHT?"
sagte der verdorrte Baum
und begann
wieder zu blühen

DIE ENTZIEHUNGSKUR

Durch meine Tante, die Krankenschwester ist, bin ich in die Marienklinik gekommen.

Wenn ich so starke Schmerzen gehabt habe, mußte jemand bei mir bleiben. Für meine Eltern wurde es immer schwerer, bei Tag in der Pension und als Skilehrer zu arbeiten und in der Nacht bei mir zu sitzen.

Und so bin ich in die Marienklinik gekommen, und der Arzt hier hat mir ... das Morphium langsam entzogen.

Diese Entziehungskur war ganz schlimm!

Seither denke ich ganz anders über die Rauschgiftsüchtigen! Ich kenne ihre Zustände: innere Spannungen, ich habe mich angespannt gefühlt wie ein Gummiband;
ich habe geschwitzt und kalt gehabt zugleich;
ich habe nicht sitzen und nicht stehen können;
alles ist mir zu Kopfe gestiegen; ich habe mir gedacht: Wenn ich eine Bombe wäre, müßte ich jetzt gleich explodieren.
Und die Schmerzen nebenher.
Seither kann ich Rauschgiftsüchtige besser verstehen.

◀ Aus Petras Album (Der Ast hat eine roten Farbtupf.)

Sonne in Fadenspanntechnik von Petra gemacht

GLAUBEN IST WICHTIG ...

Der Glaube ist einfach wichtig für mich! Der Glaube war einfach wichtig für mich, besonders in diesen letzten drei Jahren.

Daß man einfach jemanden hat, auf den man seine Sorgen schmeißen kann!

Wenn man so glaubt, dann kehrt die Zuversicht zurück.

Zwischenfrage:
Warst Du immer schon so gläubig?

Nein, das nicht; vor allem durch die Krankheit geht es in die Tiefe, weil man dann etwas losläßt, und man braucht dann etwas Festes, woran man sich klammern kann; und dieses Feste kann man auf dieser Welt nicht finden, da muß man weiter greifen, weiter ausgreifen ...
In meinem Alter haben viele Mädchen andere Interessen ... Ich habe immer die Gewißheit gehabt, daß diese letzten drei Jahre kein Verlust für mich waren, sondern ... eine Bereicherung: mehr Reife, mehr Zuversicht, und man verhält sich anderen gegenüber anders. – Das war wichtig für mich!

Ich bin immer bei dir

VOM BETEN

Ich bin in diesen letzten drei Jahren auch mehr zum Beten gekommen. Viele geben sich selber auf und lassen sich fallen und sagen sich: Es nützt doch nichts mehr!

Ich habe mich nie aufgegeben, weil ich in der Bibel gelesen habe: „WERFT ALLE EURE SORGEN AUF IHN“ (1. Petrusbrief 5,7).

Da habe ich mir gedacht, das wäre etwas für mich: Alles packen und werfen ... ja dann bleibt halt nur mehr die Zuversicht zurück! Und wenn ich zwischendurch wieder ganz schlecht bin und einen ganz schlechten Tag habe, dann gebe ich die Hoffnung nie auf und werfe alles auf Ihn, und das hilft!

Manche haben mich schon gefragt, warum ich immer gebetet habe, warum ich immer diese Zuversicht gehabt habe, trotz allem ...

Wenn man ein Bügeleisen ansteckt, und es wird nicht warm, dann kann ich auch nicht sagen, liebes Bügeleisen werde warm; dann zweifle ich auch nicht an der Elektrizität, sondern ich weiß dann, daß es an der Leitung oder am Bügeleisen fehlt!

◀ Aus dem Album von Petra

Aus dem Album von Petra

So ist es auch mit dem BETEN:
Oft ist es einfach so, daß an der Verbindung mit IHM noch nicht alles stimmt!

Wenn ich manchmal so furchtbare Schmerzen gehabt habe und nichts mehr geholfen hat, wenn ich mich nicht mehr rühren konnte vor Schmerzen und ganz verkrampft war – ich weiß nicht, wie ich's euch beschreiben soll, es fehlen mir die Worte – da hatte ich das Gefühl, daß eine unendliche Liebe mich umgibt, daß eine große Kraft in meine Seele hineinströmt. Ich bin sicher, daß man diese Kraft von Gott bekommt: Wenn man schon das Leid bekommt, so bekommt man auch die Kraft, dieses Leid zu tragen!

Es steht ja in der Bibel: „BITTET, DANN WIRD EUCH GEGEBEN ..." (Mt 7,7). – Es wird einem nicht immer das gegeben, was man will, aber bestimmt das, was man braucht!

Ich habe mir immer gedacht: Wenn nicht passiert, was ich wünsche, PASSIERT DAS, WAS BESSER IST! GOTT HAT MICH SEHR LIEB, ER GIBT MIR JEDEN TAG DIE KRAFT, JA ZU SAGEN!

DIE FRAGE NACH DEM LEID

Wenn ich oft so furchtbare Schmerzen gehabt habe, so war ich auch manchmal im Konflikt mit dem Himmel, mit Gott: Warum schickst Du mir das? Was habe ich getan? Was kann ich dafür? und so ... Dann habe ich mir gedacht: Leiden, das kann sicher nichts Schlechtes sein, denn sonst hätte Gott seinen eigenen Sohn nicht so leiden lassen. Irgendwie habe ich eine Antwort auf all diese Fragen, wenn ich einfach bereit bin, wenn ich da bin und ja sage. Wenn man solche Schmerzen hat, ist es wichtig, JA sagen zu können: Ja Jesus, für Dich will ich das erleiden, mit Dir Kreuz tragen und gekreuzigt werden.

Dann habe ich auch immer wieder zum Ölbergsengel gebetet, der auch Jesus Kraft gegeben hat, und oft habe ich mit meinen Sorgen auch meine Leiden hingeschmissen, wie es im Petrusbrief (5,7) heißt, und es ist wieder besser gegangen!

Und oft denke ich mir: Der HERR wird mich und meine Leiden schon so brauchen. Und dann sage ich Jesus, Jesus, Jesus ...

◀ Ein Bild, das Petra besonders liebte

Ich bin bei dir ...

Ich war, bevor du warst.
Ich war, als du wurdest.
Ich habe dich gewollt.
Ich bin bei dir, seit du bist.

Ich schenkte dir die Fülle meiner Kraft.
Ich hauchte dir meinen Geist ein.
Ich umhüllte dich mit dem Mantel meiner Liebe.
Ich gab dir alles, was zum Leben notwendig ist.
Ich bin dir Weg und Licht.

Ich bin bei dir, seit du fühlst und empfindest.
Ich bin bei dir, seit du dich bewegen kannst.
Ich bin bei dir, seit du hörst und sprichst.
Ich bin bei dir, seit du lachst.
Ich bin bei dir und sorge für dich.

Ich bin bei dir, wenn Kummer dich drückt.
Ich bin bei dir, wenn du krank bist und Schmerzen dich plagen.
Ich bin bei dir, wenn es dunkel um dich wird.
Ich bin bei dir, wenn du blind oder gebrechlich bist.
Ich bin bei dir, schenke dir Heilung, Licht und Halt.

Ich bin bei dir, mache dich frei und lindere deine Schmerzen.
Ich bin bei dir an jedem neuen Morgen, an jedem deiner Tage.
Ich bin bei dir, wenn du dich freust und du glücklich bist.

Ich bin bei dir an jedem Abend, in jeder Nacht.
Ich bin bei dir, wenn du in Nächten mich anrufst.
Ich bin bei dir, wenn du Ruhe und Frieden suchst.
Ich bin bei dir und wache alle Zeit über dich.

Ich bin bei dir in jeder Not.
Ich bin bei dir in deinem Tod.
Ich bin bei dir, wenn du vor mir stehst.
Ich bin bei dir und halte dich.
Ich erwarte dich und bereite dir eine Wohnung.

Ich, dein Gott, dein Schöpfer, dein Vater,
bin also immer um dich und behüte dich;
ich sorge mich um dich, wie ein Vater sich sorgt um sein Kind.
Ich, der ewige Gott, werde immer für dich dasein.
Ich, der ewige Gott, bin ewig bei dir.

Heinz Pangels

Ich bin jetzt Gott sei Dank soweit, daß ich diesem meinem Leben einen Sinn geben kann, ich bin froh, daß dieses mein Leben so war, und ich möchte diese Jahre nicht missen, obwohl ich diese Jahre nicht noch einmal durchmachen möchte!

Und wenn ich z. B. heute in der Nacht sterben sollte, so wäre ich recht zuversichtlich.

Im Lichte der Ewigkeit sieht dies alles recht positiv und wertvoll aus!

Und einmal, als ich sehr starke Schmerzen hatte, da habe ich in der Klinik von Innsbruck einen Patienten gesehen, der keine Beine gehabt hat! Da bin ich in mein Bett hineingekrochen und habe Gott gedankt, daß ich so weh habe, denn keine Füße haben und vieles andere wäre ja noch viel schlimmer. Dieses Erlebnis werde ich nie mehr vergessen!

siehe S. 8.

◀ Ein Gebet, das Petra oft betete

Etwas zum Freuen
hat jeder Tag,
so trüb und grau
er auch scheinen mag

GLÜCKLICH ...

Wenn ich eine Nacht gut geschlafen habe, stehe ich ganz glücklich auf! Ja! Ja! Warum soll ich nicht glücklich sein? Ich bin jetzt glücklich, weil ich heute noch keine Schmerzen gehabt habe und weil ich heute noch keine stärkeren Medikamente gebraucht habe ... Und über die Krankheit nachgrübeln tue ich überhaupt nie; ich erkundige mich einfach; nachgrübeln tue ich nicht. Und wenn ich dann so einen schlimmen Tag habe wie gestern, werfe ich alle meine Sorgen auf Ihn; dann geht es wieder gut und dann bleibt nur mehr das Glück.

Ich sage das ja immer:

> *Wenn man nie krank gewesen ist,*
>
> *weiß man es ja nicht*
>
> *und versteht es nicht,*
>
> ***was es bedeutet, gesund zu sein!***

◀ Handgeschrieben von Petra

Psalm 103

Lobe den Herrn, meine Seele,
und alles in mir seinen heiligen Namen!
[2] Lobe den Herrn, meine Seele,
und vergiß nicht, was er dir Gutes getan hat:
[3] der dir all deine Schuld vergibt
und all deine Gebrechen heilt,
[4] der dein Leben vor dem Untergang rettet
und dich mit Huld und Erbarmen krönt,
[5] der dich dein Leben lang mit seinen Gaben sättigt;
wie dem Adler wird dir die Jugend erneuert.
[6] Der Herr vollbringt Taten des Heiles,
Recht verschafft er allen Bedrängten.
[7] Er hat Mose seine Wege kundgetan,
den Kindern Israels seine Werke.
[8] Der Herr ist barmherzig und gnädig,
langmütig und reich an Güte.
[9] Er wird nicht immer zürnen,
nicht ewig im Groll verharren.
[10] Er handelt an uns nicht nach unsern Sünden
und vergilt uns nicht nach unsrer Schuld.
[11] Denn so hoch der Himmel über der Erde ist,
so hoch ist seine Huld über denen, die ihn fürchten.
[12] So weit der Aufgang entfernt ist vom Untergang,
so weit entfernt er die Schuld von uns.
[13] Wie ein Vater sich seiner Kinder erbarmt,
so erbarmt sich der Herr über alle, die ihn fürchten.
[14] Denn er weiß, was wir für Gebilde sind;
er denkt daran: Wir sind nur Staub.
[15] Des Menschen Tage sind wie Gras,
er blüht wie die Blume des Feldes.
[16] Fährt der Wind darüber, ist sie dahin;
der Ort, wo sie stand, weiß von ihr nichts mehr.
[17] Doch die Huld des Herrn währt immer und ewig
für alle, die ihn fürchten und ehren;
sein Heil erfahren noch Kinder und Enkel;/
[18] alle, die seinen Bund bewahren,
an seine Gebote denken und danach handeln.
[19] Der Herr hat seinen Thron errichtet im Himmel,
seine königliche Macht beherrscht das All.
[20] Lobt den Herrn, ihr seine Engel,/
ihr starken Helden, die seine Befehle vollstrecken,
seinen Worten gehorsam!
[21] Lobt den Herrn, all seine Scharen,
seine Diener, die seinen Willen vollziehen!
[22] Lobt den Herrn, all seine Werke,/
an jedem Ort seiner Herrschaft!
Lobe den Herrn, meine Seele!

DER LIEBSTE PSALM

Den Psalm 103 bete ich am liebsten! Dieser Psalm ist das schönste Gott-Loben-und-Preisen. Bei starken Schmerzen habe ich öfter eine Krankenschwester oder einen Besucher, auch meine Mutter gebeten, mir den Psalm 103 vorzubeten.

Eine Schwester macht die Zwischenbemerkung, daß Petra im Zustand großer Schmerzen immer wieder gebeten habe, ihr den Psalm 103 vorzubeten, manchmal auch dreimal hintereinander. Das habe ihr Kraft gegeben.

Eine Schülerin macht die Zwischenbemerkung: Mich beeindruckt, daß der Glaube solche Kraft gibt!

Petra sagt dazu:
Ja, es braucht viel dazu, aber man muß auch beten um den Glauben, um die Kraft des Glaubens, und wenn man nicht mehr beten kann, nur mehr JA sagen, bei wahnsinnigen Schmerzen nur mehr JA sagen. –

Lest manchmal in der Heiligen Schrift,
das gibt Kraft fürs Leben!

Ich möchte euch alle bitten zu beten,
das hilft leben!

DIE SCHÖNSTEN TRÄUME

WERDEN MIT OFFENEN AUGEN GETRÄUMT.

ZWISCHENDURCH: ZUKUNFTSPLÄNE

Petra wird gefragt, welche Pläne sie für die Zukunft habe.

Im allgemeinen will ich ich so leben, wie ich jetzt lebe, so daß ich jederzeit sagen kann: MEIN LEBEN IST ERFÜLLT, so daß ich mir nicht alles mögliche vorwerfen muß. Einfach erfüllt leben, jede Minute intensiv! Dann müßte ich mich für die nächste Zeit einfach einmal erholen.

Ich habe das Humanistische Gymnasium angefangen und ein Jahr gemacht. Aber es gibt ein Studienzentrum, in dem man das ganze Gymnasium in zwei Jahren machen kann.

Wegen der Schule habe ich nie Probleme gehabt, ich bin immer aufgestiegen. Ich habe immer nachgelernt, wenn ich wieder einmal aussetzen mußte.

Aber in erster Linie müßte ich zunächst gesund werden, so daß die Schmerzen ganz verschwinden und eine vollständige Heilung da wäre.

◀ Aus dem Album von Petra

Fadenspanntechnik von Petra

DEN KRANKEN ERNST NEHMEN ...

Ein Mensch, der krank ist, hat Probleme. Wichtig ist, daß man den kranken Menschen ernst nimmt. Ich weiß nicht, ob ihr euch vorstellen könnt, krank zu sein, Schmerzen zu haben, wahnsinnige Schmerzen zu haben, daß einem die Tränen herunterrinnen im wachen, aber auch im schlafenden Zustand ...

Und da ist es wichtig, daß man diesen kranken Menschen ernst nimmt; und wenn ihr nur die Hand des Kranken haltet und wenn ihr nur zu diesem kranken Menschen sagt, daß ihr ihn versteht, dann geht es schon wieder.

Und sagt solchen Kranken immer, daß sie nie aufgeben sollen; warum sollen sie auch aufgeben? Solange man den Glauben hat, kann einem nichts passieren. Der Glaube kann Berge versetzen, umsomehr Trost und Zuversicht geben.

Wie wohl haben mir in diesem Glauben Menschen getan, die mir ihren Besuch, ihr Wort, das Kreuzzeichen am Abend ... geschenkt haben!

Schlimm ist es nur, wenn man nicht ernst genommen wird mit den Schmerzen; oder wenn man merkt, daß man mit Medikamenten herumprobiert, wie bei einem Versuchskaninchen.

Schau empor!

Da droben lebt einer,
ohne dessen Wissen
und Willen
kommt nichts über dich.
Leg deine Hände
in seine Hände
und sei dessen
sicher und gewiss:
ER
wird alles zu einem
guten Ende führen.

+KLUG+

Lieblingsspruch von Petra

(Diese Zeilen hinterließ Petra ihren Angehörigen als besonderes Vermächtnis.)

GEDANKEN ÜBER DEN TOD

In dieser Zeit habe ich mir viele Gedanken gemacht, vor allem über den TOD, weil ich mit diesem Thema ja konfrontiert worden bin: oft, ziemlich oft. Aber für mich war dieses Nachdenken über den Tod immer etwas Schönes. Ich habe keine Angst vor dem Tod!

Ich habe mir oft gedacht: Das Schönste wäre zu sterben! Ja, ich freue mich darauf!

In der Bibel heißt es ja (Kor 2,9): „Was kein Auge gesehen und kein Ohr gehört hat ...: das Große, das Gott denen bereitet hat, die ihn lieben" ... Nein, nein! Vor dem Tod habe ich keine Angst! Schöner kann es nicht werden als durch den Tod!

Und ich finde es gut, wenn man über den Tod reden kann; ich habe keine Hemmungen, darüber zu reden, Gott sei Dank! Es ist nicht gut, wenn man solche Gedanken in sich hineinzieht und diese Gedanken sich dann aufstauen. Gott sei Dank, es hilft mir, wenn ich über den Tod reden kann.

Ich hoffe, so gelebt zu haben, daß Er mich jederzeit holen kann. Und wenn ich krank bleibe, dann ist mir das gleichgültig, ich möchte nur so leben, daß ich mich freuen kann auf meinen Tod.

Schmetterling in Fadenspanntechnik (farbig)
(siehe Anmerkung S. 50 Mitte: »... Hülle«)

PETRA FRAGT IHRE ZUHÖRER:

Was würdet ihr tun, was würdet ihr antworten, wenn man euch sagen würde, daß ihr nur noch einen Tag zu leben hättet? Würdet ihr etwas Besonderes tun?

Schülerinnen antworten:

** Ich bewundere deine Kraft, die du hast; ich hätte eine totale Angst davor; schon der Gedanke erschreckt mich.*

** Wenn man gesund ist, kann man sich das nicht vorstellen, denkt man nicht daran.*

** Ich glaube, wenn ich eine Feindschaft hätte, würde ich sie in Ordnung bringen und wieder alles gut machen, zur Beichte gehen.*

** Was man wirklich tun würde, kann man schwer sagen ...*

Petra fügt nur noch hinzu:

WAS IN DIESER SITUATION ZU TUN WÄRE IST:
„WEITERHIN JA SAGEN!“

Von S. 7 bis S. 41:
Aussagen von Petra Kuntner, welche sie im März und April 1986 vor den Krankenpflegeschülerinnen gemacht hat (rechte Seite!)

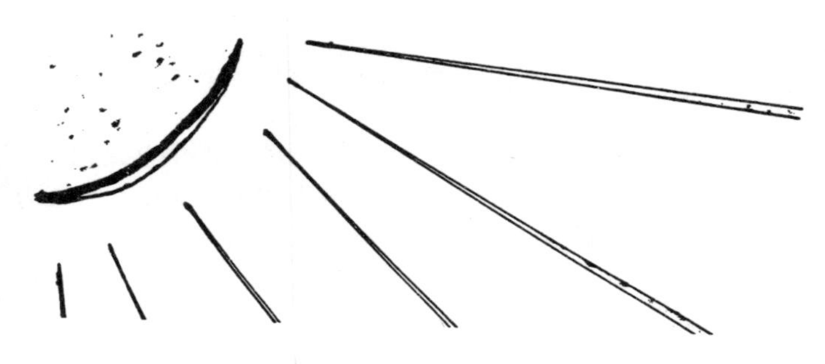

ICH WÜNSCH DIR WAS

Ich wünsche Dir Augen,

die die kleinen Dinge des Alltags wahrnehmen

und ins rechte Licht rücken.

Ich wünsche Dir Ohren, die die Schwingungen

und Untertöne im Gespräch mit anderen aufnehmen;

Ich wünsche Dir Hände, die nicht lange überlegen,

ob sie helfen und gut sein sollen;

Ich wünsche Dir zur rechten Zeit das richtige Wort;

Ich wünsche Dir ein liebendes Herz,

von dem Du Dich leiten läßt.

Ich wünsche Dir: Freude, Glück, Zuversicht,

Gelassenheit und Demut;

Ich wünsche Dir Güte –

Eigenschaften, die Dich das werden lassen,

was Du bist und immer wieder werden willst –

jeden Tag ein wenig mehr.

Ich wünsche Dir genügend Erholung

und ausreichend Schlaf, Arbeit, die Freude macht,

Menschen die Dich mögen und bejahen

und Dir Mut machen;

aber auch Menschen, die Dich bestätigen,

die Dich anregen,

die Dir Vorbild sein können,

die Dir weiterhelfen, wenn Du traurig bist

und müde und erschöpft

Ich wünsche Dir viele gute Gedanken

und ein Herz, das überströmt in Freude

und diese Freude weiterschenkt.

Dies alles, sowie Gottes Schutz und Segen wünsche ich Dir für

alle Tage Deines Lebens. Deine Petra!

(Handgeschrieben von Petra)

EINE MITPATIENTIN ERINNERT SICH

Als ich im März 1986 in schlechtem Zustand in der Klinik lag, kam eines Abends ein Mädchen an mein Bett; von sich aus, ohne mich zu kennen, nur weil sie von meinem Leiden gehört hatte.

Zuerst merkte ich nicht einmal, daß sie selbst krank war. Sie sprach so selbstverständlich nur von mir, tröstete mich und sprach mir Mut zu. Erst allmählich erfuhr ich von ihrer Krankheit. Aber sie klagte nicht, sondern offenbarte eine solche Demut und einen so unerschüttlichen Glauben, daß ich in meinem damaligen Zustand vor allem tief beeindruckt war.

Etwas später schrieb sie mir nach Innsbruck, wohin ich verlegt wurde, und sprach von der Krankheit als einem Kreuz, das man tragen d a r f.

Und je mehr ich mich durch die Krankheit mit dem Sinn des Krankseins beschäftigte, um so mehr erkenne ich die Richtigkeit und den Sinn ihrer Worte, und um so mehr wächst mein Erstaunen, wie ein Kind von 16 Jahren eine menschliche Reife besaß, die viele Menschen nicht einmal im Alter erreichen.

Leider konnten wir uns vor ihrem Tod nicht mehr sehen, aber in meinem Bewußtsein lebt Petra weiter als ein Vorbild, dem man getrost folgen kann.

18. 7. 1987

Name und Anschrift dieser an Krebs erkrankten Patientin sind dem Herausgeber bekannt.

Aus dem letzten Brief von Petra, mit zittriger Hand
an diese Patientin geschrieben (im April 1986):

Ich bin sicher, daß ich Ihnen mit einigen
selbstgeschriebenen Zeilen und beiliegendem
Gebet Freude machen kann
Im Gebet denke ich oft an Sie und bin auch sonst
oft bei Ihnen...
leider konnte ich am Mittwoch vormittag nicht mehr
zu Ihnen kommen, da ich sehr starke Schmerzen
hatte und man mir ein Narkosemittel verabreicht
hatte. Ihr Schutzengel ist aber sicher mit Ihnen gefah-
ren und eine bessere Begleitung können Sie sich
bestimmt nicht wünschen. Vergessen Sie nie in
Zuversicht und glauben an Ihn, den Herrn zu denken
und Ihn zu loben und preisen für die Gesundheit,
die er Ihnen schenkt.

Ich bete fest für Sie und auch für Ihren Mann, daß
Sie das Kreuz, welches Sie tragen müssen (dürfen)
in Liebe und Geduld auf sich nehmen. ...

»ERINNERUNGEN AN PETRA KUNTNER«

1 IHR RINGEN

Petra Kuntner hing sehr am Leben! Ihre letzten Lebensjahre waren ein hartes Ringen um ihre Lebenspläne, die sie hatte, und um das Einswerden mit dem Willen Gottes.

„Ich bin nicht sicher, daß es so kommt, wie ich möchte; aber ich bin mir sicher, daß Jesus mich sehr lieb hat und daß es so kommt, wie es gut ist“, sagte sie zu einer Krankenschwester.

Was sie plante, war in kurzen Worten folgendes: gesund werden, Abitur machen (s. ihre Aussagen S. 35), Medizin studieren, Ärztin werden, eine Familie gründen, Mutter werden ... Immer wieder erkundigte sie sich, ob bei den Medikamenten und Kuren wohl nichts dabei wäre, was solche Pläne bzw. Teile davon unmöglich machen würde.

Eine Begebenheit, die mir von Petras Eltern erzählt wurde, mag das Ringen dieses hart geprüften Mädchens verdeutlichen: In die Klinik von Innsbruck wurde ein Mädchen eingeliefert, das einen Selbstmordversuch gemacht hatte. Petra war ganz entsetzt: „Ich ringe um mein Leben; dieses Mädchen aber hat das Leben und will es wegwerfen ...!“ sagte Petra zu ihren Angehörigen. Zum Mädchen selbst sagte sie: „Schau mich an! Ich leide seit drei Jahren an Krebs; wenn ich wäre wie du, würde ich mich sehr freuen.“ Und sie sprach lange mit der Lebensmüden über Geschenk und Sinn des Lebens. Diese beklagte den Unglauben ihrer Eltern und ihren eigenen Unglauben. Schließlich haben Petra und ihre lebensmüde Freundin gemeinsam gebetet ...

Ich bin mir bewußt, daß Petras Ausführungen und diese Ergänzungen nur ahnen lassen, wie groß das Ringen war, von dem Petra in den Aussagen des Sterbebildchens spricht: „Ich lege meine Schmerzen, meine Gebete, mein RINGEN in Gottes Hand ..." (s. S. 2)

Besonders am Beginn ihrer Krankheit war ihre Frage zu hören: „Warum ..., warum gerade ich? ... (s. S. 27 und Zeichnung S. 8). Bis zur Aussage: „Wenn nicht passiert, was ich wünsche, passiert was besser ist!" (s. S. 25) liegt eine große Spannweite! Petra erlebt sie in einem vielschichtigen Ringen. Das zeigen auch die Aussagen von Petras Eltern zum Sommer 1984: „Petra sucht Antwort auf ihre Fragen. Eine ganze Bibliothek von Kräuterbüchern, theologischen und psychologischen Büchern sowie Kleinschriften sammelt sich an. Sie nimmt in dieser Zeit oft die Bibel zur Hand. In schlaflosen Nächten lesen wir die Bibel und beten zusammen ..."

Wie weit es Petra in diesem Ringen gebracht hat, sagte ihre Heimerzieherin (Sr. Monika Mair): „Petra hat das Leid bewußt angenommen und getragen als Teilnahme am Erlösungswerk Christi. So wurde ihr Leben zur Gabe und Aufgabe für viele. Mich beeindruckte – besonders in den letzten Wochen – ihre Gelassenheit, ihr tiefer Friede und ihr inneres Glück, das sie ausstrahlte und das jeden bereicherte, der zu ihrem Krankenbett kam."

Ihr Klassenlehrer am Gymnasium fragte sie anläßlich eines Besuches im Krankenhaus, wann sie mit dieser Krankheit irgendwie fertiggeworden sei. Petra antwortete darauf: „Seitdem ich für die Krankheit gedankt habe." Der Klassenlehrer fügt hinzu: „Die Krankheit ist Petra zum Segen geworden:
IM LEIDEN IST SIE CHRISTUS ÄHNLICH GEWORDEN!"

2 LEBENSBEREICHE

Vier Lebensbereiche waren für Petra besonders wichtig: die eigene Familie, die Pfarrgemeinde von Sulden, die Schule und die weite Natur.

Zu dem, was über die Familie schon gesagt worden ist (s. S. 3) kann nur hinzugefügt werden, daß Petras Beziehung zu ihrer Familie immer eine sehr innige war. Die Krankheit hat diese Beziehung nur vertieft. Die Angehörigen sind Petras Leidensweg intensiv mitgegangen. Auf die Frage, was sie in diesen Jahren der Krankheit wohl mitgemacht hätten, antworteten die Eltern: „... Oft wurden wir in dieser Zeit gefragt: ‚Wie haltet ihr das bloß aus?' Wir können allen Eltern, die in einer ähnlichen Situation sind, nur raten: Betet, und ihr bekommt die Kraft von oben!"

Es ist klar, daß damit nur angedeutet ist, was die Eltern und die um ein Jahr jüngere Schwester Miriam mitgelitten haben in den vielen Monaten des Bangens, der abwechselnden Besserung und Verschlechterung der Krankheit, in den mit ihr durchwachten Nächten, in den Besuchen und Besprechungen in den verschiedenen Krankenhäusern.

Die größere Familie Petras war die Pfarrgemeinde Sulden im Vinschgau. Noch in den letzten Monaten träumte Petra davon, mit Jugendlichen und dem Seelsorger von Sulden nach Rom zu fahren. Es wurde nichts daraus, denn sie war für eine andere Reise vorgemerkt.

Mit der Eucharistiegemeinde von Sulden war sie innig verbunden.

Auch an ihren Sterbegottesdienst dachte sie voraus und wünschte, es solle keine Trauerfeier sein, sondern ein Dankgottesdienst, der in dem Lied „Großer Gott, wir loben dich" ausklingt.

Zum Gottesdienst lesen Sie noch ein Wort auf S. 52. – Schon ehe Petra zur Schule ging, war sie sehr lernwillig. – Mit großer Begeisterung empfing sie Erstkommunion und Firmung.

Die Mittelschule besuchte sie in Meran und wohnte im Internat der Salvatorianerinnen. Die Leiden begannen im Herbst 1982, als Petra 12 Jahre alt war und die zweite Klasse der Mittelschule besuchte. Die Hälfte des Schuljahres 1982/83 war versäumt. Petra holte auf. Im Herbst 1983 beginnt sie die dritte Klasse der Mittelschule. In der Fastenzeit 1984 mußte Petra jeweils von Montag bis Freitag nach Innsbruck. In der Osterzeit erholte sie sich so weit, daß sie den Rest der dritten Klasse absolvieren konnte. Im Herbst 1984 wurde Petra am Humanistischen Gymnasium in Meran eingeschrieben. Sechs Monate vergingen beinahe ohne Absenzen! Dann wieder Unterbrechung. Im Herbst 1985 konnte sie für acht Tage wieder ans Gymnasium zurückkehren. Es waren ihre letzten Schultage.

Die Schule war für Petra Kuntner außerordentlich wichtig. Sie war für sie der Weg, um ihre klaren Zukunftspläne zu verwirklichen.

Ihre Mitschülerin Kathrin schreibt: „Sie schaffte es trotz ihrer langen Abwesenheit, immer Klassenbeste zu sein. Heute gilt meine Bewunderung ihrem Lebensmut, ihrem Vertrauen auf Gott, ihrer Güte und Freundlichkeit …“

Ihre Heimerzieherin schildert Petra als „fleißige und begabte Schülerin: ruhig, selbständig und pflichtbewußt. Sie besaß einen gesunden Ehrgeiz, war aber auch bereit, den Schwächeren zu helfen. Unter den Mitschülerinnen war sie beliebt, kameradschaftlich, offen – auch kritisch. Sie wußte, was sie wollte, und ging entschlossen ihren Weg“.

Ihr Klassenlehrer am Gymnasium erinnert sich an Petra als gute Schülerin, die „intelligent, ideenreich war und einen guten Sprachschatz hatte; sie arbeitete mit vollem Einsatz, gewissenhaft, sorgfältig. Sie war auch sehr bescheiden".

Über die Schule hinaus war aber die ganze Umwelt Lernort für Petra! Sulden bot dazu reichlich Gelegenheit. Ihr Vater hörte sie bei Ausflügen immer wieder hinter ihm rufen: „Na Vati, du gehst an den schönsten Dingen vorbei!" Und sie hielt eine knorrige Wurzel in der Hand oder wies auf eine Blume hin.

Vor ihrem Haus hatte sie eine „Schmetterlingszucht" angelegt. Sie beobachtete genauestens den Werdegang des Schmetterlings. Tiefsinnig pflegte sie zu sagen: „ZURÜCK BLEIBT NUR DIE HÜLLE!"

3 IN DER MARIENKLINIK

Im März 1986 kam Petra wieder in die Marienklinik nach Bozen. Ein erster Erfolg war ihr Freiwerden vom Morphium, das man ihr vorher zur Linderung der großen Schmerzen verabreicht hatte. Den Angehörigen rief sie beim Besuch entgegen: „Ich habe es geschafft, und ich möchte es in die Welt hinausschreien: Nehmt keine Suchtmittel, sie berauben der Freiheit, verkrampfen den Körper, verdüstern das Denken! Könnte ich dies bloß allen Jugendlichen sagen."

Über Ostern 1986 durfte sie noch für ungefähr zehn Tage heimgehen. Am Karfreitag sprach sie jene einmaligen Worte aus, die auf ihrem Sterbebildchen stehen (siehe S. 2).

Am Dienstag nach dem Weißen Sonntag, am 8. April 1986, kehrte Petra wieder in die Marienklinik zurück, wo sie viele liebgewonnen hatte. Aber auch die ganze Marienklinik hat diese Patientin ins Herz geschlossen; Krankenschwestern, Ärzte, Mitpatienten litten und freuten sich mit Petra. Dabei war sie bestimmt nicht die einfachste Patientin: Sie war kritisch, wußte sich durchzusetzen und versuchte zudem ständig, medizinische Fragen auszuweiten. So fragte sie nicht nur einen Arzt: „Was würden Sie in meiner Lage tun? – Sind Sie ein gläubiger Mensch?" Wenn Petra irgendwie konnte, tröstete sie andere. Eine Patientin im Bett nebenan, die sich wegen einer Operation sorgte, tröstete sie: „Sie brauchen keine Angst zu haben, auch nicht vor dem Sterben – das ist ja das Schönste, da fängt das Leben erst an – ich bete für Sie!"

Zu einer geistig Behinderten sagt Petra: „N., weißt du, Jesus hat dich ganz lieb! Wir sind alle seine Kinder! Ist das nicht wunderbar!" Schließlich machte sie das Kreuzzeichen über die Patientin und sagte: „Der Herr segne dich, er behüte dich, er lasse sein Angesicht über dich leuchten, er schenke dir seinen Frieden. Amen." Diesen Segen spendete Petra vielen, die an ihr Bett kamen.

Die Mutter berichtete, daß die Krankheit ab 16. Mai, Petras Geburtstag, rasch voranschritt. „Die Schmerzen verbreiteten sich über den ganzen Körper; Petra lag nur noch wenige Stunden wach, sonst schlief sie mit Hilfe eines Narkosemittels."

Am 20. Mai bemerkte Petra mit Staunen: „Nun ist die Zeit aber schnell vergangen! Jetzt dauert es nicht mehr lange!" Und sie fügte wieder hinzu: „Ihr sollt euch nur freuen, ihr dürft glücklich sein!"

Am 26. Mai früh sagte mir die Nachtschwester, daß Petra im Sterben liege. Ich ging ins Krankenzimmer: Sie lag regungslos, ich hatte aber den Eindruck, daß sie hören konnte. Ich sprach ihr einige kurze Gebete vor, wie ,Mein Jesus, dir leb' ich; mein Jesus dir sterb' ich; mein Jesus, dein bin ich im Leben und im Tod'. Ich bin überzeugt, daß dieses Gebet ganz zu dieser Sterbenden paßte. Dann sprach ich noch den Segen, den sie selbst so oft gesprochen hat.

Anschließend brachte man sie mit dem Rettungswagen nach Sulden. Am Ortseingang von Sulden sagte die Mutter zu ihr: „Jetzt sind wir schon in Sulden, wir sind daheim!" Petra machte die Augen auf und starb!

Sie hat das Ziel erreicht, nach einem langen Leidensweg des Heiles.

4 PETRA BEIM GOTTESDIENST

Noch am 11. Mai 1986 nahm Petra am Gottesdienst teil. Es war Muttertag. Ihre Eltern waren bei ihr in der schönen Kapelle der Marienklinik. Petra weinte. Als die Mutter sie fragte warum sie weinte, schluchzte sie nur und sagte: „Vor Freude, vor Freude." Wann immer sie konnte, kam sie bis zwei Wochen vor ihrem Tod zur hl. Messe. Zuerst kam sie in die Sakristei und fragte, ob sie die Lesung übernehmen dürfte. Sie las die Lesung in der Sakristei aufmerksam durch. Und als Petra beim Gottesdienst aufstand und nach vorne ging, um die Lesung vorzutragen, da hielten viele den Atem an. Alle wußten um ihre Krankheit, alle kannten ihren Glauben; man hatte den Eindruck, die Lesung, die sie vortrug, sei für sie geschrieben worden, etwa noch am Sonntag, 27. April 1986:

2. LESUNG Offb 7,9. 14b–17

Lesung aus der Offenbarung des Johannes. [9]Ich, Johannes, sah eine große Schar aus allen Nationen und Stämmen, Völkern und Sprachen, die niemand zählen konnte. Sie standen in weißen Gewändern vor dem Thron und vor dem Lamm und trugen Palmzweige in ihren Händen. [14b]Da sprach einer der Ältesten zu mir: Das sind jene, die aus der großen Drangsal kommen; sie haben ihre Kleider gewaschen und im Blut des Lammes weiß gemacht. [15]Deshalb stehen sie vor dem Thron Gottes und dienen ihm Tag und Nacht in seinem Tempel; und er, der auf dem Thron sitzt, wird sein Zelt aufschlagen über ihnen. [16]Sie werden nicht mehr hungern und nicht mehr dürsten; und keine Sonnenhitze noch irgendeine Glut wird auf ihnen lasten. [17]Denn das Lamm in der Mitte vor dem Thron wird sie weiden und zu den Quellwassern des Lebens führen, und Gott wird jede Träne aus ihren Augen wischen.

ZWISCHENGESANG

Halleluja.
So spricht der Herr:
Ich bin der gute Hirt;
ich kenne die Meinen, und die Meinen kennen mich.

Eine Teilnehmerin sagte nach dem Gottesdienst: „Eine Heilige hat heute die Lesung vorgetragen!“
Ich glaube, daß damit gut ausgesagt ist, was viele empfunden haben, nämlich:

ÜBEREINSTIMMUNG ZWISCHEN
CHRISTUS UND PETRA,
SEINEM WEG UND IHREM WEG.

QUELLENNACHWEIS

Texte S. 7–41: Aussagen von Petra vor Schülerinnen der Krankenpflegeschule in der Marienklinik von Bozen im April 1986

Tonbandaufzeichnung: Sr. M. Nives Stadler, Marienklinik, Bozen.

Einführung (S. 3 und 4), „Erinnerungen" (S. 46–53) und Gestaltung des Büchleins von Alfred Frenes, Bozen.

Titelbild: Oswald Kuenzer, St. Johann in Ahrn.

Fotos 2., 3. und 4. Umschlagseite Fam. Kuntner, Sulden.

Zeichnungen S. 6, 16 und 18 von Petra.

Nachzeichnung S. 8 von Petra.

Handschrift S. 5, 6, 10, 12, 13, 30, 34, 42/43, 45 von Petra.

Fadenspanntechnik S. 12, 20, 36 und 40 von Petra.

„Gedanken am Grab von Petra" (S. 55 und 56): von einer Mitschülerin am offenen Grab gesprochen.

Gedanken am Grab von Petra
(von einer Mitschülerin am offenen Grab gesprochen).

Liebe Petra,

Dein langer Leidensweg und Dein Tod
haben uns tief getroffen.

Du warst unter uns,
hast mit uns gelebt,
bist ein Stück des Weges mit uns gegangen,
warst voller Hoffnung und Zukunftspläne,
doch Deine Krankheit hat
Deinen Lebensweg anders geleitet.

Petra,
wir waren Dir in Deiner langen Krankheit,
die viel Schmerz
und sicher auch viel Dunkelheit
mit sich gebracht hat,
immer ganz nahe.

Wir versuchten mit Dir zu teilen
und zu tragen,
so wie es Dein Wunsch war.

Doch Dein tiefes Geheimnis
ganz zu erfassen,
waren wir nicht imstande.

Du, ein lebensfroher, junger,
liebenswerter Mensch,
gezeichnet schon früh vom Tode,
hast Dich immer wieder durchgerungen
zu einem JA Deines Schicksals.

Das kam nicht von ungefähr, denn
Du warst geprägt von der Überzeugung,
daß Gott mit Dir geht,
daß er auch im Leid Dir nahe ist.

Und so bist Du immer mehr
in Gott hineingereift.
Das Gebet war Dir Kraft und Stütze.

Du bist uns ein Vorbild geworden,
daß Leid, auch schweres Leid,
das Leben nicht brechen braucht,
sondern daß die Hoffnung immer
das Letzte ist.

In gesunden
und kranken Tagen
haben wir Dich im Internat erlebt
als aufgeschlossene,
gütige,
wohlwollende Mitkameradin.

Danke Petra.

Wir möchten Dich
in dieser Erinnerung behalten.

Du bist nun glücklich bei Gott
– Denk an uns.

Petra,
den tiefinneren Frieden,
den Gott Dir schenkte,
hast Du im Segensspruch des hl. Franziskus
immer wieder ausgeteilt.
Erbitte uns nun den wahren Frieden,
den wir nur in Gott finden können.